AF187055

Impressum
Verlag: BABADADA GmbH, Nedderfeld 112 , 22529 Hamburg
Geschäftsführer / Verlagsleitung: Harald Hof
Druck: Books on Demand GmbH, In de Tarpen 42, 22848 Norderstedt

Imprint
Publisher: BABADADA GmbH, Nedderfeld 112 , 22529 Hamburg, Germany
Managing Director / Publishing direction: Harald Hof
Print: Books on Demand GmbH, In de Tarpen 42, 22848 Norderstedt

escola
school

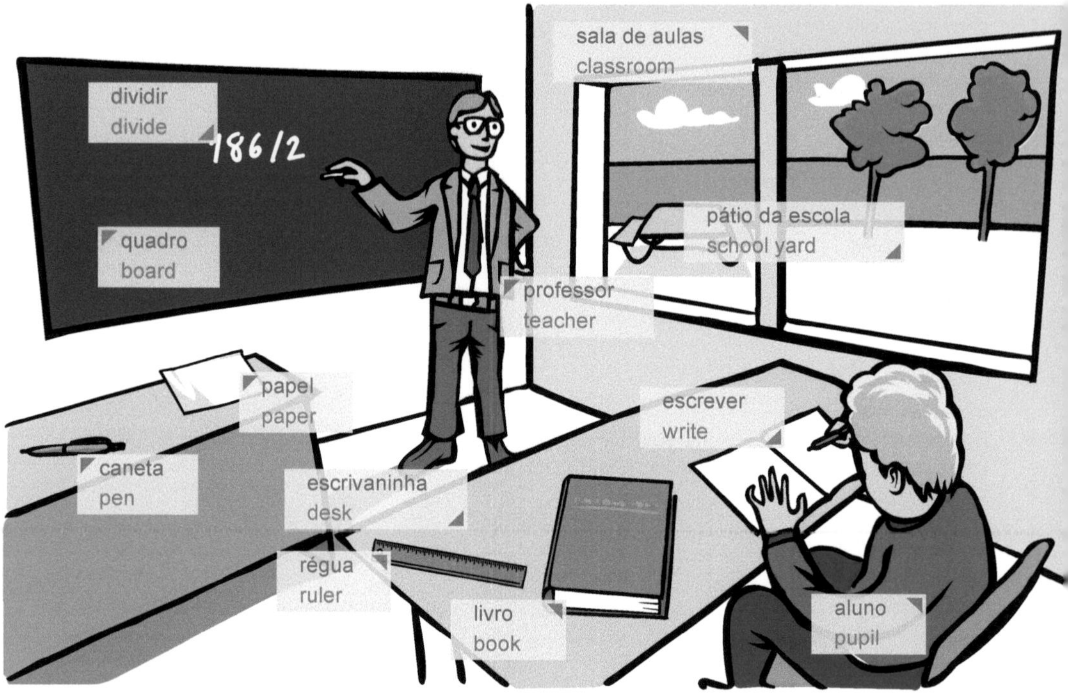

sala de aulas
classroom
dividir
divide
186/2
quadro
board
pátio da escola
school yard
professor
teacher
papel
paper
escrever
write
caneta
pen
escrivaninha
desk
régua
ruler
livro
book
aluno
pupil

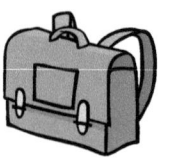

sacola
satchel

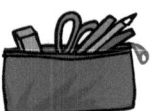

estojo de lápis
pencil case

lápis
pencil

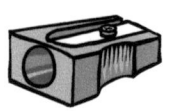

apontador de lápis
pencil sharpener

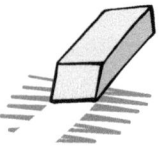

borracha
rubber

bloco de desenho
drawing pad

desenho

drawing

pincel

paintbrush

estojo de tintas

paint box

tesoura

scissors

cola

glue

livro de exercícios

exercise book

lição de casa

homework

número

number

somar

add

subtrair

subtract

multiplicar

multiply

calcular

calculate

letra

letter

alfabeto

alphabet

palavra

word

texto

text

ler

read

giz

chalk

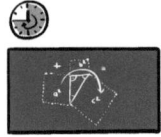

hora

lesson

registro da classe

register

exame

examination

certificado

certificate

uniforme escolar

school uniform

educação

education

enciclopédia

encyclopedia

universidade

university

microscópio

microscope

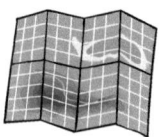

mapa

map

cesto de lixo

waste-paper basket

viagem

travel

hotel
hotel
Grand
albergue
hostel
ROOMS
casa de câmbio
currency exchange office
mala
suitcase
carro
car

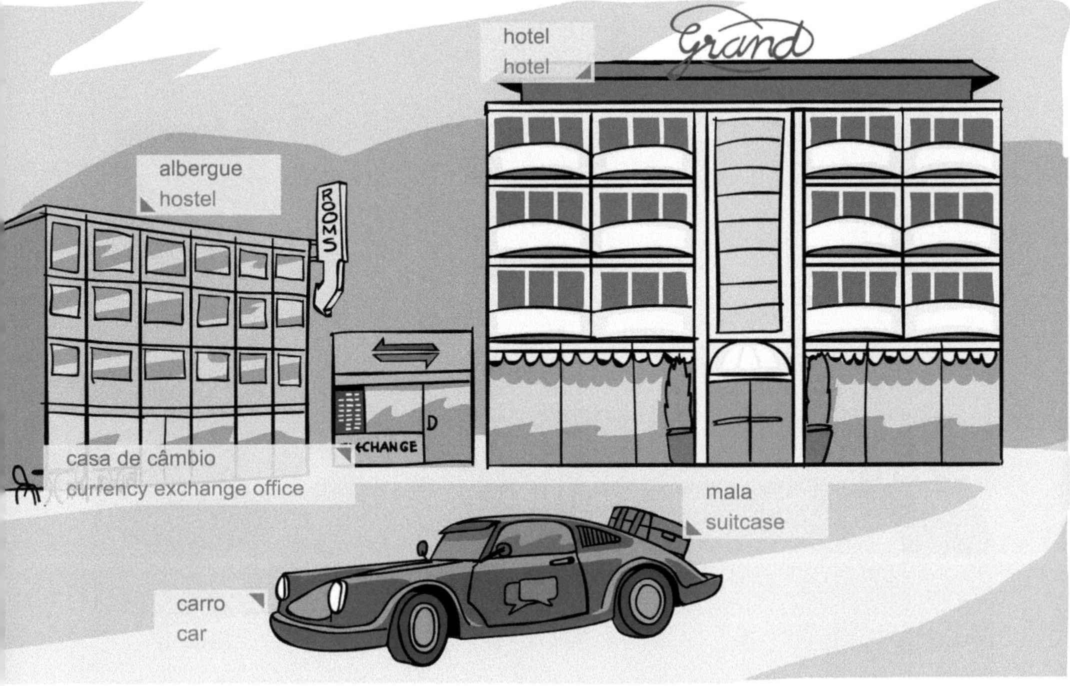

idioma

language

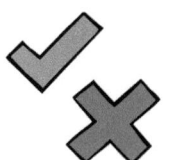

sim / não

yes / no

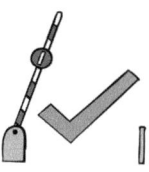

ok

Okay

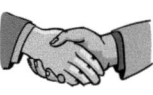

Olá

hello

tradutor

translator

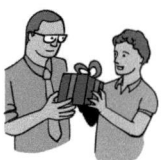

obrigado

Thank you

quanto custa...?

how much is…?

eu não entendo

I don´t get it

problema

problem

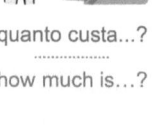

boa noite!

Good evening!

Bom dia!

Good morning!

Boa noite!

Good night!

até logo

goodbye

direção

direction

bagagem

luggage

bolsa

bag

mochila

backpack

convidado

guest

quarto

room

saco de dormir

sleeping bag

barraca

tent

informação turística

tourist information

praia

beach

cartão de crédito

credit card

café da manhã

breakfast

almoço

lunch

jantar

dinner

bilhete

Ticket

elevador

elevator

selo

stamp

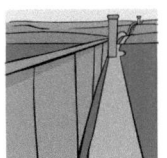

fronteira

border

alfândega

customs

embaixada

embassy

visto

visa

passaporte

passport

transporte
transport

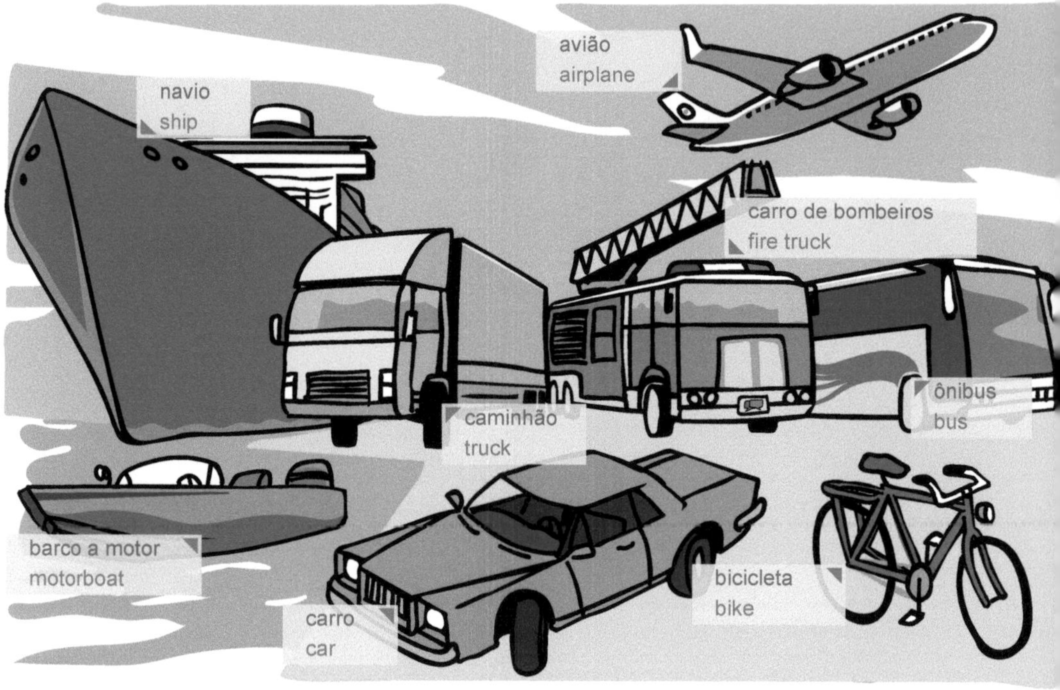

avião
airplane
navio
ship
carro de bombeiros
fire truck
ônibus
bus
caminhão
truck
barco a motor
motorboat
bicicleta
bike
carro
car

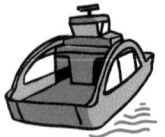

balsa
ferry

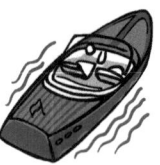

barco
boat

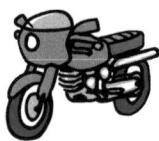

motocicleta
motorbike

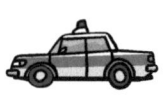

veículo policial
police car

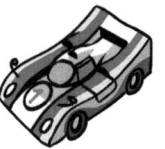

carro de corrida
racing car

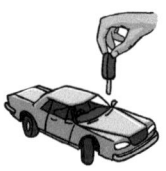

carro de aluguel
rental car

compartilhamento de automóvel

car sharing

caminhão de reboque

tow truck

caminhão de lixo

garbage truck

motor

engine

combustível

fuel

posto de gasolina

fuel station

placa de trânsito

traffic sign

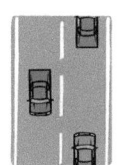

trânsito

traffic

trânsito lento

traffic jam

estacionamento

parking lot

estação de trem

train station

trilhos

tracks

trem

train

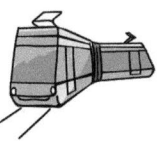

bonde

tram

vagão

wagon

helicóptero

helicopter

aeroporto

airport

torre

tower

passageiro

passenger

contêiner

container

cartolina

carton

carroça

cart

cesto

basket

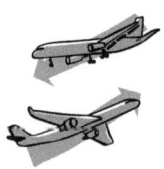

decolar / pousar

take off / land

cidade
city

vilarejo

village

centro da cidade

city center

casa

house

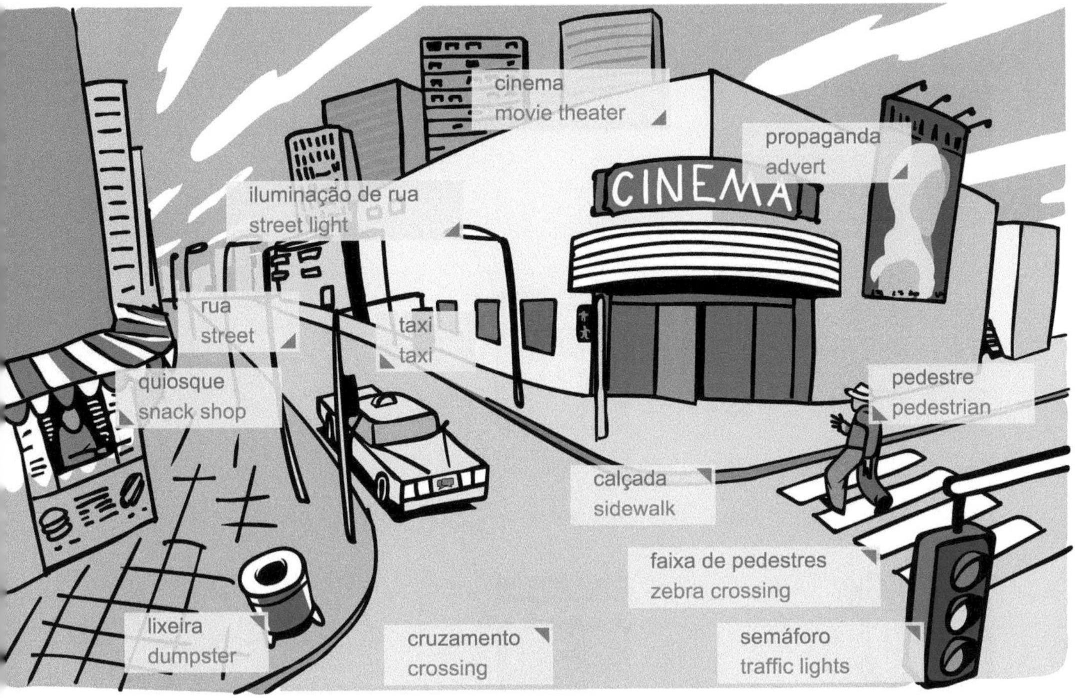

cinema
movie theater

propaganda
advert

iluminação de rua
street light

rua
street

taxi
taxi

quiosque
snack shop

pedestre
pedestrian

calçada
sidewalk

faixa de pedestres
zebra crossing

lixeira
dumpster

cruzamento
crossing

semáforo
traffic lights

cabana
hut

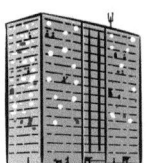

apartamento
apartment

estação de trem
train station

prefeitura
city hall

museu
museum

escola
school

universidade

university

banco

bank

hospital

hospital

hotel

hotel

farmácia

pharmacy

escritório

office

livraria

book shop

loja

shop

floricultura

flower shop

supermercado

supermarket

mercado

market

loja de departamentos

department store

peixaria

fishmonger's shop

centro comercial

mall

porto

harbor

parque

park

banco

bench

ponte

bridge

escadas

stairs

metrô

subway

túnel

tunnel

ponto de ônibus

bus stop

bar

bar

restaurante

restaurant

caixa de correspondência

postbox

placa de rua

street sign

parquímetro

parking meter

zoológico

zoo

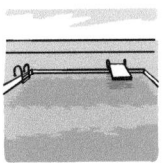

piscina

swimming pool

mesquita

mosque

fazenda
farm

poluição
pollution

cemitério
cemetery

igreja
church

parquinho
playground

templo
temple

paisagem
landscape

folha
leaf

placa de sinalização
signpost

caminho
path

gramado
meadow

pedra
stone

caminhantes
hiker

árvore
tree

rio
river

grama
grass

flor
flower

vale
valley

montanha
hill

lago
lake

floresta
forest

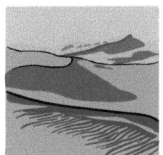

deserto
desert

vulcão
volcano

castelo
castle

arco-íris
rainbow

cogumelo
mushroom

palmeira
palm tree

mosquito
mosquito

mosca
fly

formiga
ant

abelha
bee

aranha
spider

besouro

beetle

sapo

frog

esquilo

squirrel

ouriço

hedgehog

lebre

hare

coruja

owl

pássaro

bird

cisne

swan

javali

boar

veado

deer

alce

moose

barragem

dam

aerogerador

wind turbine

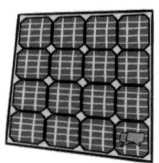

painel solar

solar panel

clima

climate

restaurante
restaurant

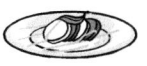

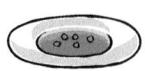

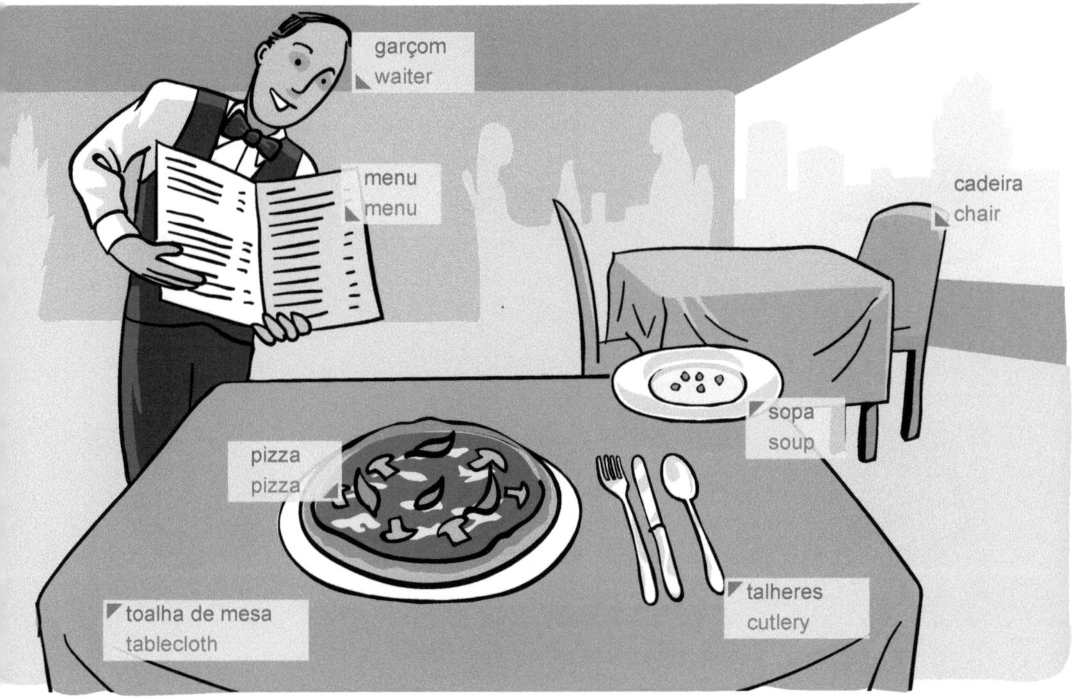
garçom
waiter
menu
menu
cadeira
chair
sopa
soup
pizza
pizza
toalha de mesa
tablecloth
talheres
cutlery

entrada

starter

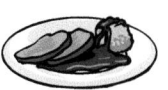

prato principal

main course

sobremesa

dessert

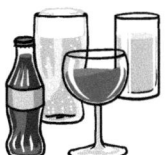

bebidas

drinks

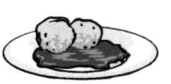

comida

food

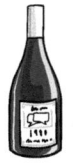

garrafa

bottle

fastfood

fast food

comida de rua

street food

bule de chá

teapot

açucareiro

sugar bowl

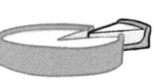

porção

portion

máquina de expresso

espresso machine

cadeirão

high chair

conta

bill

bandeja

tray

faca

knife

garfo

fork

colher

spoon

colher de chá

teaspoon

guardanapo

serviette

copo

glass

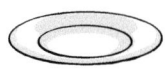

prato

plate

prato de sopa

soup plate

pires

saucer

molho

sauce

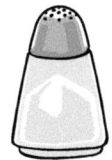

saleiro

salt shaker

moedor de pimenta

pepper mill

vinagre

vinegar

óleo

oil

especiarias

spices

ketchup

ketchup

mostarda

mustard

maionese

mayonnaise

supermercado
supermarket

oferta especial
special offer
FOR
cliente
customer
laticínios
dairy products
frutas
fruit
carrinho de compras
shopping cart

BUTCHERS

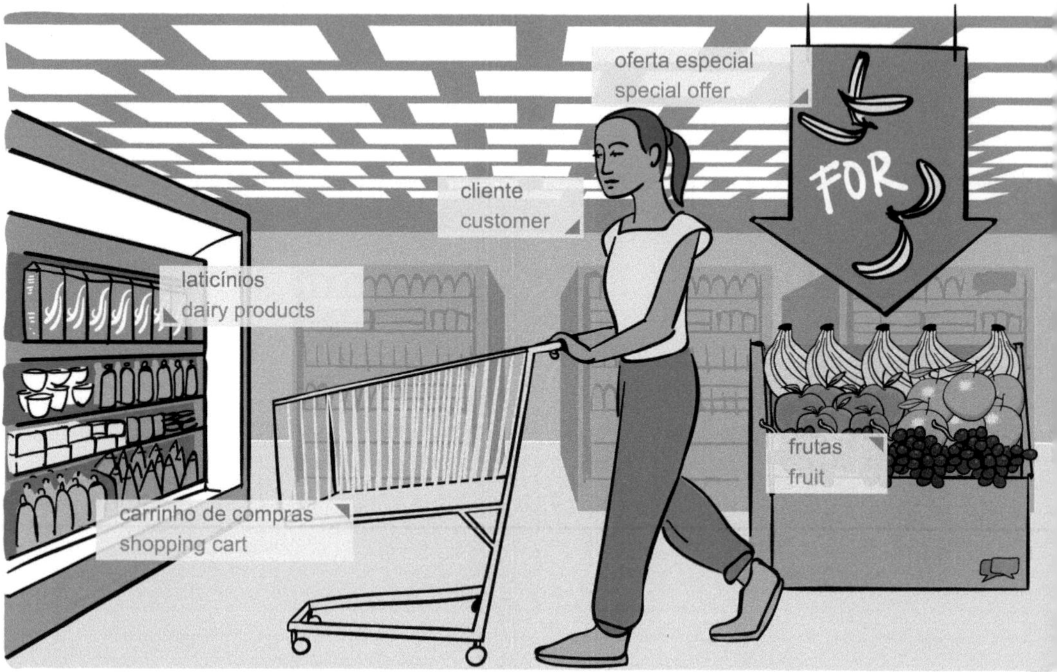

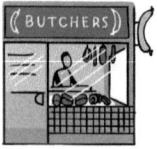

açougue

butcher's shop

BAKERY

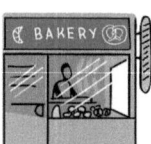

padaria

bakery

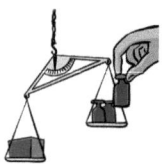

pesar

weigh

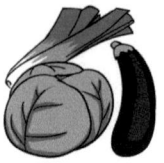

legumes

vegetables

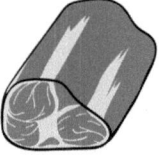

carne

meat

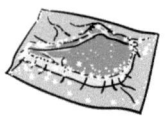

congelados

frozen food

charcutaria

cold cuts

conservas

canned food

detergente em pó

detergent

doces

candy

artigos domésticos

household products

produtos de limpeza

cleaning products

vendedora

sales representative

caixa

cash register

caixa

cashier

lista de compras

shopping list

horário de funcionamento

opening hours

carteira

wallet

cartão de crédito

credit card

sacola

bag

saco plástico

plastic bag

água

water

suco

juice

leite

milk

coca-cola

coke

vinho

wine

cerveja

beer

álcool

alcohol

cacau

cocoa

chá

tea

café

coffee

expresso

espresso

cappuccino

cappuccino

banana

banana

maçã

apple

laranja

orange

melão

melon

limão

lemon

cenoura

carrot

alho

garlic

bambu

bamboo

cebola

onion

cogumelo

mushroom

nozes

nuts

macarrão

noodles

espaguete

spaghetti

arroz

rice

salada

salad

batatas fritas

fries

batatas frias

fried potatoes

pizza

pizza

hambúrger

hamburger

sanduíche

sandwich

escalope

escalope

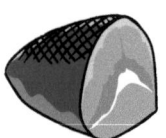

presunto

ham

salame

salami

salsicha

sausage

galinha

chicken

assado

roast

peixe

fish

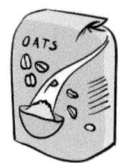

flocos de aveia

porridge oats

granola

muesli

flocos de milho

cornflakes

farinha

flour

croissant

croissant

pãozinho

bread roll

pão

bread

torrada

toast

biscoitos

cookies

manteiga

butter

requeijão

curd

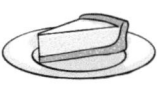

bolo

cake

ovo

egg

ovo frito

fried egg

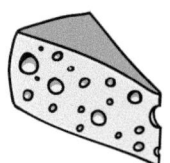

queijo

cheese

comida - food

sorvete

ice cream

açúcar

sugar

mel

honey

geleia

jelly

creme de avelãs

nougat cream

curry

curry

fazenda

farm

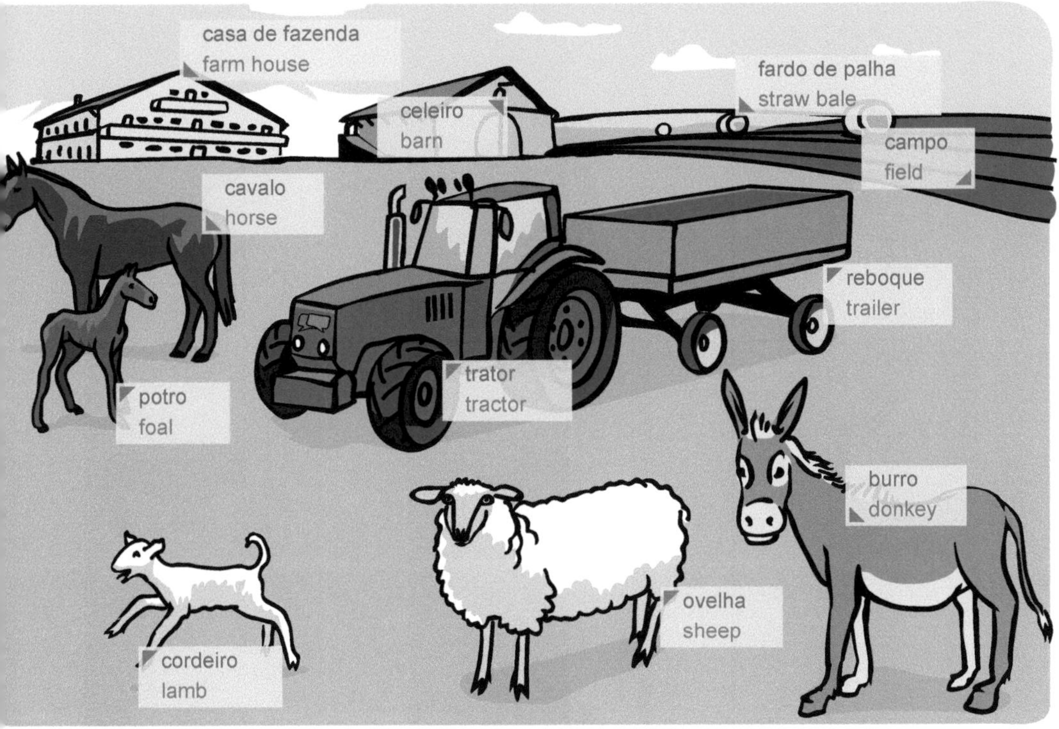
casa de fazenda
farm house
celeiro
barn
fardo de palha
straw bale
campo
field
cavalo
horse
reboque
trailer
trator
tractor
potro
foal
burro
donkey
ovelha
sheep
cordeiro
lamb

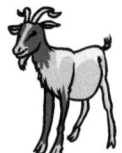

cabra

goat

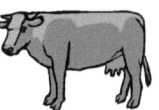

vaca

cow

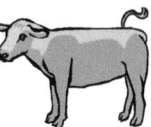

bezerro

calf

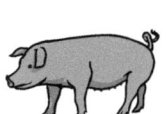

porco

pig

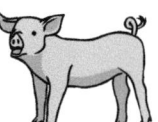

leitão

piglet

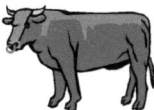

touro

bull

ganso
goose

pato
duck

pintinho
chick

galinha
hen

galo
cockerel

ratazana
rat

gato
cat

camundongo
mouse

boi
ox

cachorro
dog

casinha do cachorro
dog house

mangueira de jardim
garden hose

regador
watering can

foice
scythe

arado
plow

foice

sickle

enxada

hoe

forquilha

pitchfork

machado

axe

carrinho de mão

pushcart

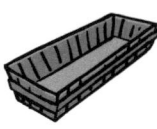

manjedoura

trough

jarra de leite

milk can

saco

sack

cerca

fence

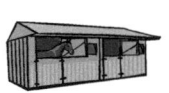

estábulo

stable

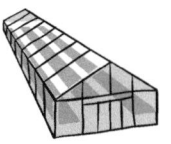

estufa

greenhouse

solo

soil

semente

seed

fertilizante

fertilizer

colheitadeira

combine harvester

colher

harvest

colheita

harvest

inhame

yams

trigo

wheat

soja

soya

batata

potato

milho

corn

colza

rapeseed

árvore frutífera

fruit tree

mandioca

manioc

cereais

grain

fazenda - farm

casa
house

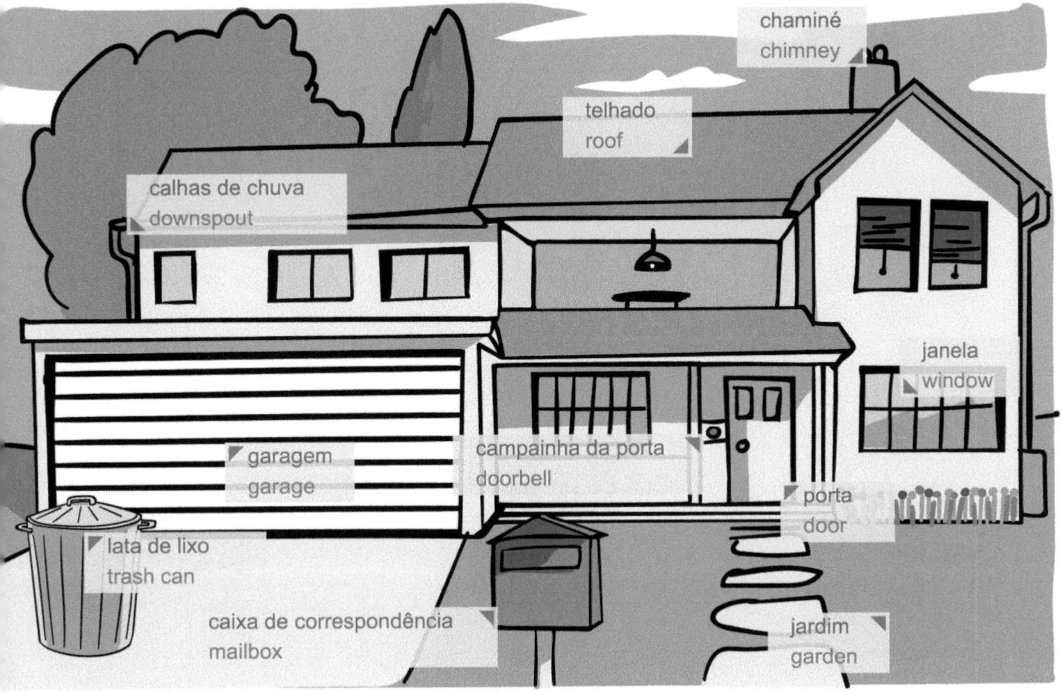
chaminé
chimney
telhado
roof
calhas de chuva
downspout
janela
window
garagem
garage
campainha da porta
doorbell
porta
door
lata de lixo
trash can
caixa de correspondência
mailbox
jardim
garden

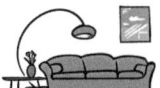

sala de estar

living room

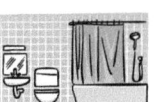

banheiro

bathroom

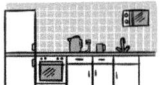

cozinha

kitchen

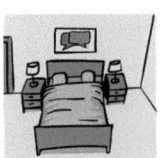

quarto de dormir

bedroom

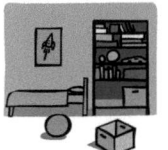

quarto de criança

kids room

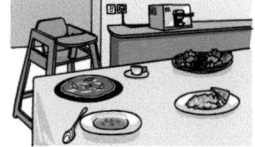

sala de jantar

dining room

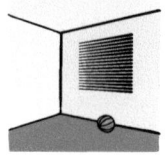

chão

floor

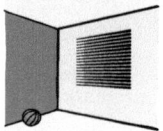

parede

wall

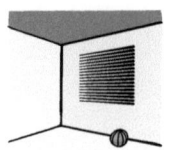

teto

ceiling

porão

cellar

sauna

sauna

varanda

balcony

terraço

terrace

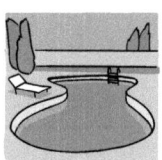

piscina

pool

cortador de grama

lawn mower

lençol

sheet

coberta

bedspread

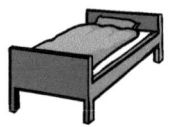

cama

bed

vassoura

broom

balde

bucket

interruptor

switch

sala de estar
living room

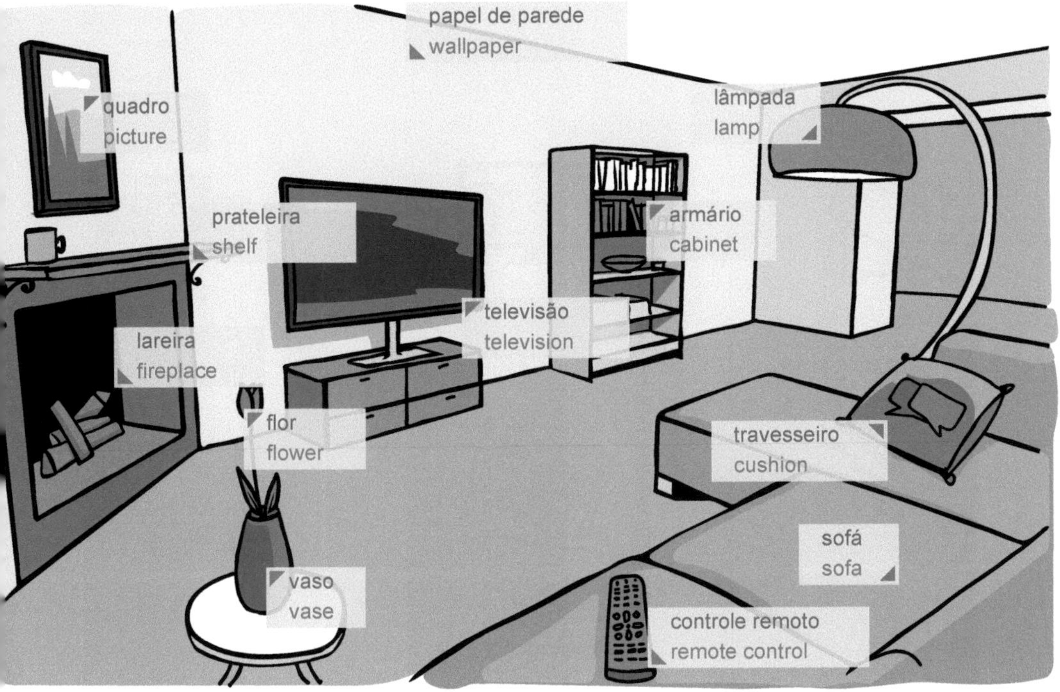
papel de parede
wallpaper
quadro
picture
lâmpada
lamp
prateleira
shelf
armário
cabinet
televisão
television
lareira
fireplace
flor
flower
travesseiro
cushion
sofá
sofa
vaso
vase
controle remoto
remote control

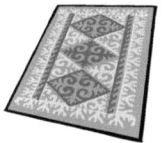

tapete

carpet

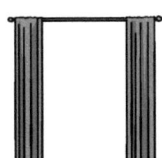

cortina

drape

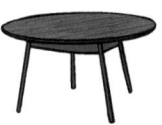

mesa

table

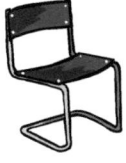

cadeira

chair

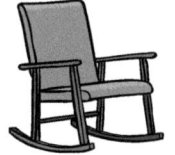

cadeira de balanço

rocking chair

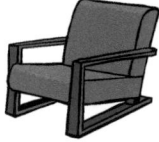

poltrona

armchair

livro

book

cobertor

blanket

decoração

decoration

lenha

firewood

filme

film

equipamento de som

stereo system

chave

key

jornal

newspaper

pintura

painting

pôster

poster

rádio

radio

bloco de notas

notebook

aspirador

vacuum cleaner

cacto

cactus

vela

candle

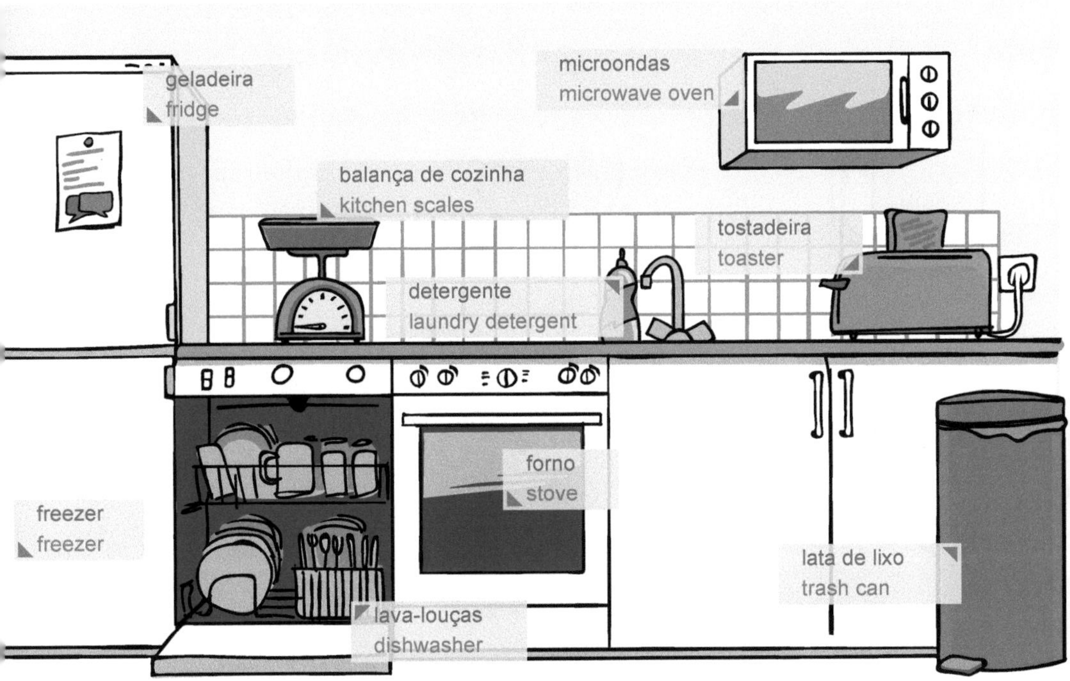

geladeira
fridge

microondas
microwave oven

balança de cozinha
kitchen scales

tostadeira
toaster

detergente
laundry detergent

forno
stove

freezer
freezer

lata de lixo
trash can

lava-louças
dishwasher

fogão
cooker

panela
pot

panela de ferro
cast-iron pot

wok / kadai
wok / kadai

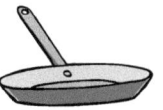

frigideira
pan

chaleira
kettle

panela a vapor

steamer

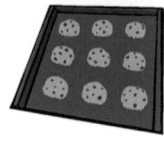

tabuleiro de forno

baking tray

louça

crockery

caneca

mug

caçarola

bowl

hashi

chopsticks

concha de sopa

ladle

espátula

spatula

batedor

whisk

escorredor

strainer

peneira

sieve

ralador

grater

almofariz

mortar

churrasqueira

barbecue

lareira

fireplace

tábua de cortar

chopping board

rolo da massa

rolling pin

saca-rolhas

corkscrew

lata

can

abridor de latas

can opener

pegador de panela

oven cloth

pia

sink

escova

brush

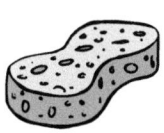

esponja

sponge

liquidificador

blender

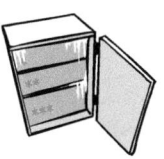

congelador

deep freezer

mamadeira

baby bottle

torneira

tap

cozinha - kitchen

banheiro
bathroom

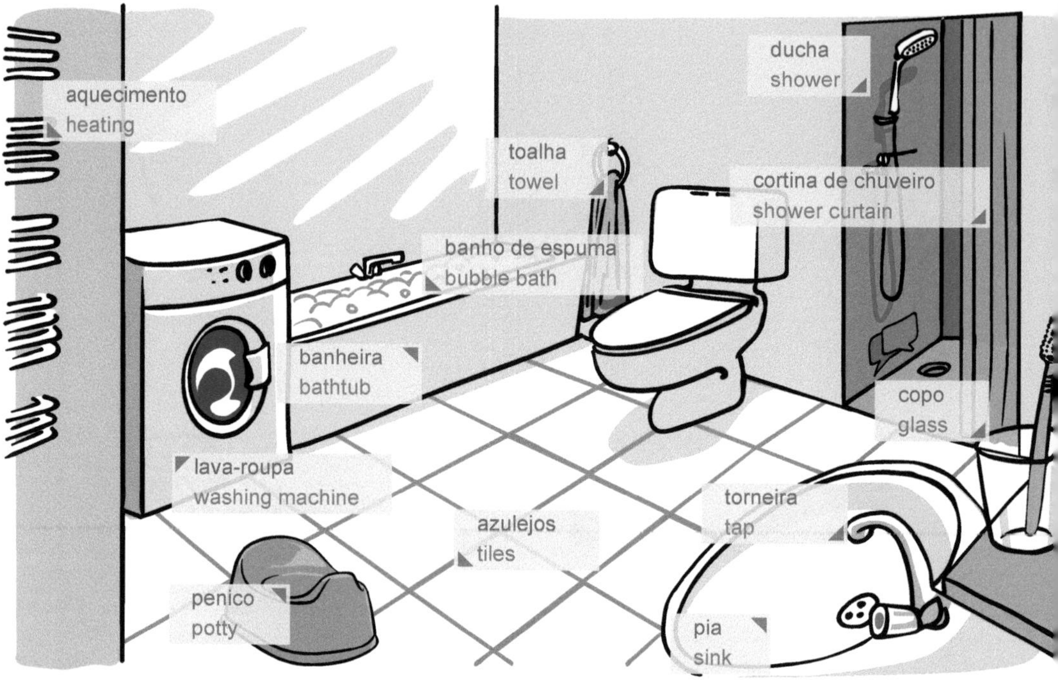
aquecimento
heating
ducha
shower
toalha
towel
cortina de chuveiro
shower curtain
banho de espuma
bubble bath
banheira
bathtub
copo
glass
lava-roupa
washing machine
torneira
tap
azulejos
tiles
penico
potty
pia
sink

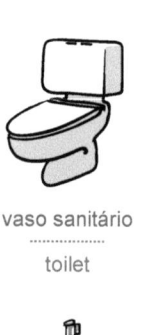

vaso sanitário

toilet

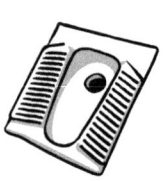

lavabo de agachar

squat toilet

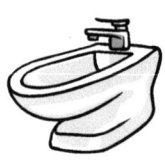

bidê

bidet

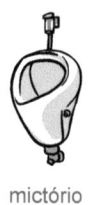

mictório

urinal

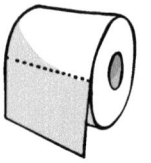

papel higiênico

toilet paper

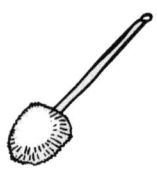

escova de privada

toilet brush

escova de dentes

toothbrush

pasta de dentes

toothpaste

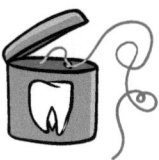

fio dental

dental floss

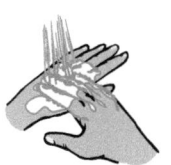

lavar

wash

ducha de mão

hand shower

ducha íntima

douche

bacia

basin

escova para as costas

back brush

sabonete

soap

gel de banho

shower gel

xampu

shampoo

toalha de rosto

flannel

escoamento

drain

creme

creme

desodorante

deodorant

espelho

mirror

espelho de mão

hand mirror

barbeador

razor

espuma de barbear

shaving foam

loção pós-barba

aftershave

pente

comb

escova

brush

secador de cabelo

hair-dryer

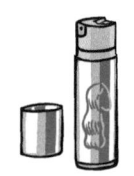

spray de cabelo

hairspray

maquiagem

makeup

batom

lipstick

esmalte de unhas

nail varnish

algodão

cotton wool

tesoura para unhas

nail scissors

perfume

perfume

nécessaire

washbag

banquinho

stool

balança

weighing scales

roupão de banho

bathrobe

luvas de borracha

rubber gloves

absorvente interno

tampon

absorvente íntimo

sanitary towel

banheiro químico

chemical toilet

quarto de criança

kids room

despertador
alarm clock
boneco de pelúcia
cuddly toy
carrinho de brinquedo
toy car
chacoalho
rattle
casa de bonecas
doll's house
presente
present

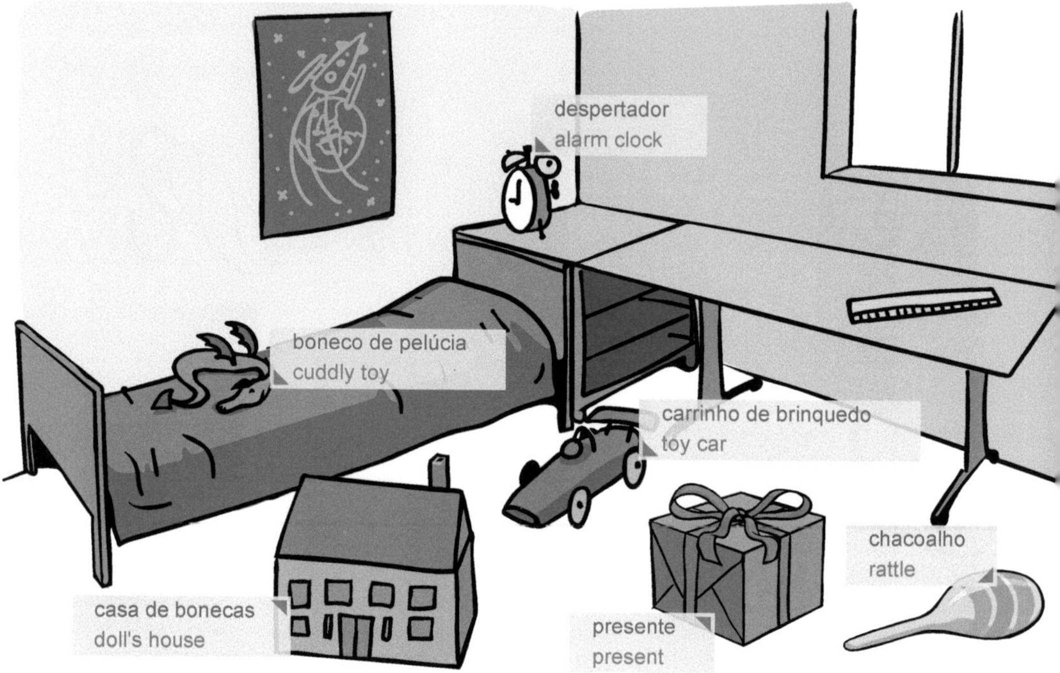

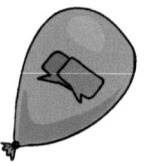

balão

balloon

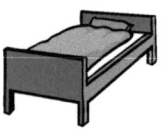

cama

bed

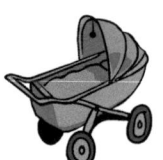

carrinho de bebê

stroller

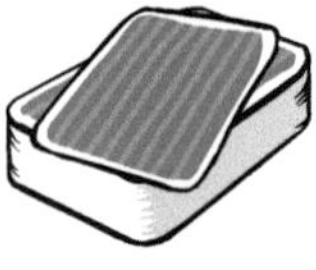

jogo de cartas

deck of cards

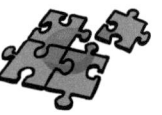

quebra-cabeças

jigsaw

SUPER
MEGA

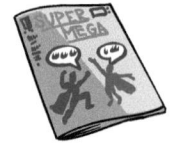

revista de quadrinhos

comic

peças de Lego

lego bricks

blocos de construção

toy blocks

figura de ação

action figure

macaquinho de bebê

romper suit

frisbee

frisbee

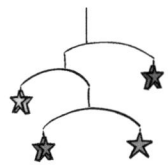

móbile para bebê

mobile

jogo de tabuleiro

board game

dados

dice

trenzinho elétrico

model train set

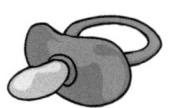

chupeta

pacifier

festa

party

livro ilustrado

picture book

bola

ball

boneca

doll

brincar

play

caixa de areia
sandpit

balanço
swing

brinquedos
toys

videogame
video game console

triciclo
tricycle

ursinho de pelúcia
teddy bear

guarda-roupa
wardrobe

vestuário
clothing

meias
socks

meias pelo joelho
stockings

meias-calças
tights

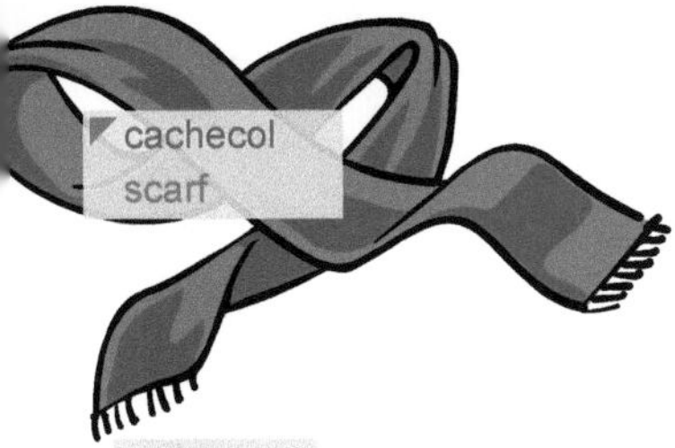

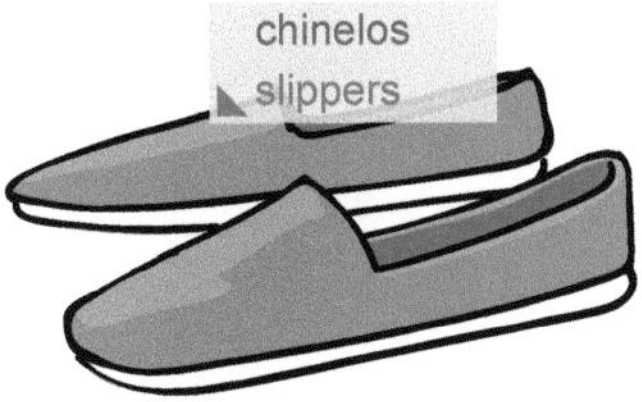

cachecol
scarf

guarda-chuva
umbrella

camiseta
t-shirt

cinto
belt

botas
boots

chinelos
slippers

tênis
sneakers

sandálias
sandals

sapatos
shoes

botas de borracha
rubber boots

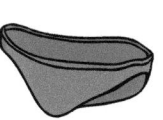

roupa de baixo
underwear

sutiã
bra

camiseta de baixo
undershirt

body

body

calças

pants

jeans

jeans

saia

skirt

blusa

blouse

camisa

shirt

pulôver

pullover

suéter com capuz

sweater

blazer

blazer

jaqueta

jacket

casaco

coat

gabardine

raincoat

traje

costume

vestido

dress

vestido de casamento

wedding dress

terno

suit

camisola

nightgown

pijama

pajamas

sari

sari

lenço de cabeça

headscarf

turbante

turban

burca

burka

cafetã

kaftan

abaya

abaya

maiô

swimsuit

sunga

trunks

shorts

shorts

roupa de treino

tracksuit

avental

apron

luvas

gloves

botão
button

óculos
glasses

pulseira
bracelet

colar
necklace

anel
ring

brinco
earring

boné
cap

cabide
coat hanger

chapéu
hat

gravata
tie

zíper
zip

capacete
helmet

suspensórios
braces

uniforme escolar
school uniform

uniforme
uniform

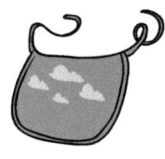

babador

bib

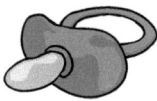

chupeta

pacifier

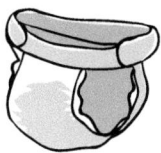

fralda

diaper

escritório
office

servidor
server
armário de arquivos
filing cabinet
papel
paper
impressora
printer
monitor
monitor
mouse
mouse
escrivaninha
desk
pasta
folder
teclado
keyboard
cadeira
chair
cesto de lixo
waste-paper basket
computador
computer

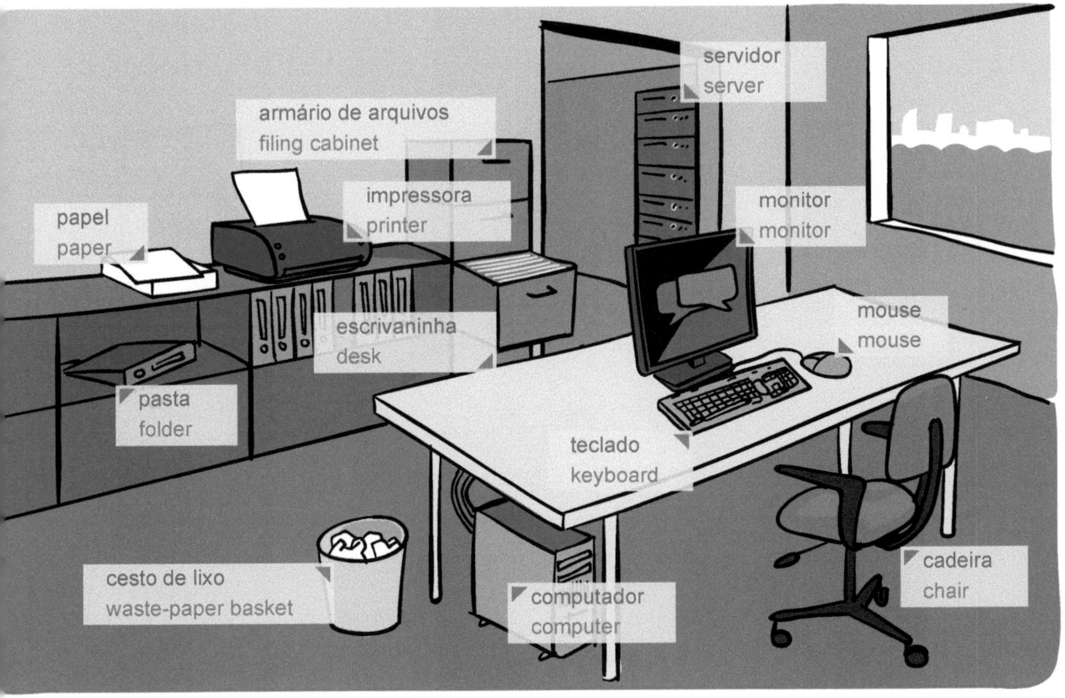

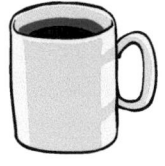

xícara de café

coffee mug

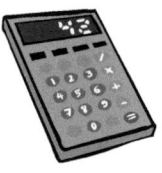

calculadora

calculator

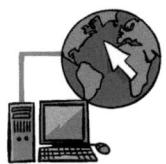

internet

internet

laptop
....
laptop

carta
....
letter

mensagem
....
message

celular
....
cell phone

rede
....
network

copiadora
....
photocopier

software
....
software

telefone
....
telephone

tomada
....
plug socket

fax
....
fax machine

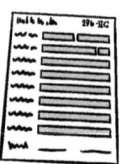

formulário
....
form

documento
....
document

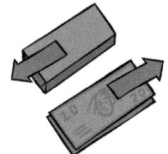

comprar
buy

pagar
pay

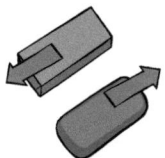

negociar
trade

dinheiro
money

USD

Dólar
dollar

EUR

Euro
euro

JPY

Yen
yen

RUB

rublo
rouble

CHF

franco suíço
Swiss franc

CNY

renminbi yuan
renminbi yuan

INR

rupia
rupee

caixa eletrônico
cash point

casa de câmbio

currency exchange office

ouro

gold

prata

silver

petróleo

oil

energia

energy

preço

price

contrato

contract

imposto

tax

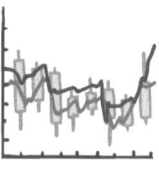

ação

stock

trabalhar

work

empregado

employee

empregador

employer

fábrica

factory

loja

shop

profissões
occupations

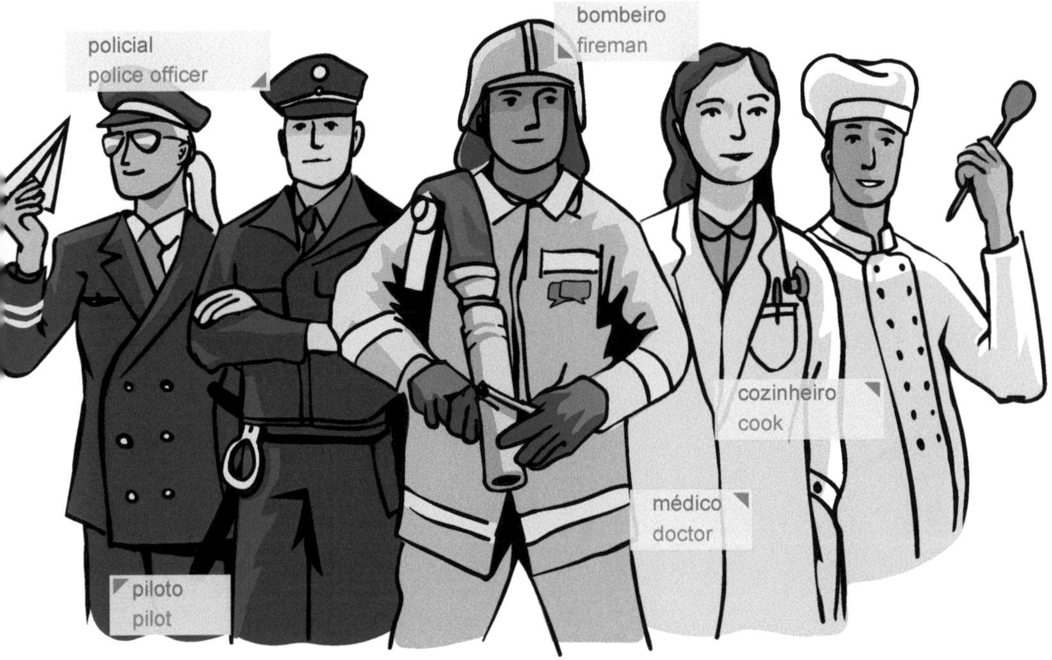
policial
police officer
bombeiro
fireman
cozinheiro
cook
médico
doctor
piloto
pilot

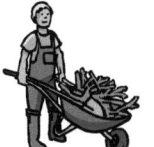

jardineiro

gardener

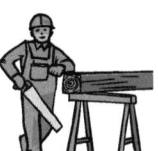

marceneiro

carpenter

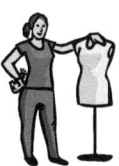

costureira

seamstress

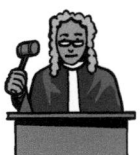

juiz

judge

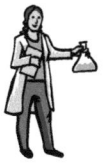

químico

chemist

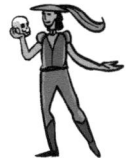

ator

actor

motorista de ônibus

bus driver

motorista de táxi

taxi driver

pescador

fisherman

faxineira

cleaning lady

telhador

roofer

garçom

waiter

caçador

hunter

pintor

painter

padeiro

baker

eletricista

electrician

construtor

builder

engenheiro

engineer

açougueiro

butcher

encanador

plumber

carteiro

postman

soldado
soldier

arquiteto
architect

caixa
cashier

florista
florist

cabelereiro
hairdresser

condutor
conductor

mecânico
mechanic

capitão
captain

dentista
dentist

cientista
scientist

rabino
rabbi

imam
imam

monge
monk

pastor
pastor

ferramentas
tools

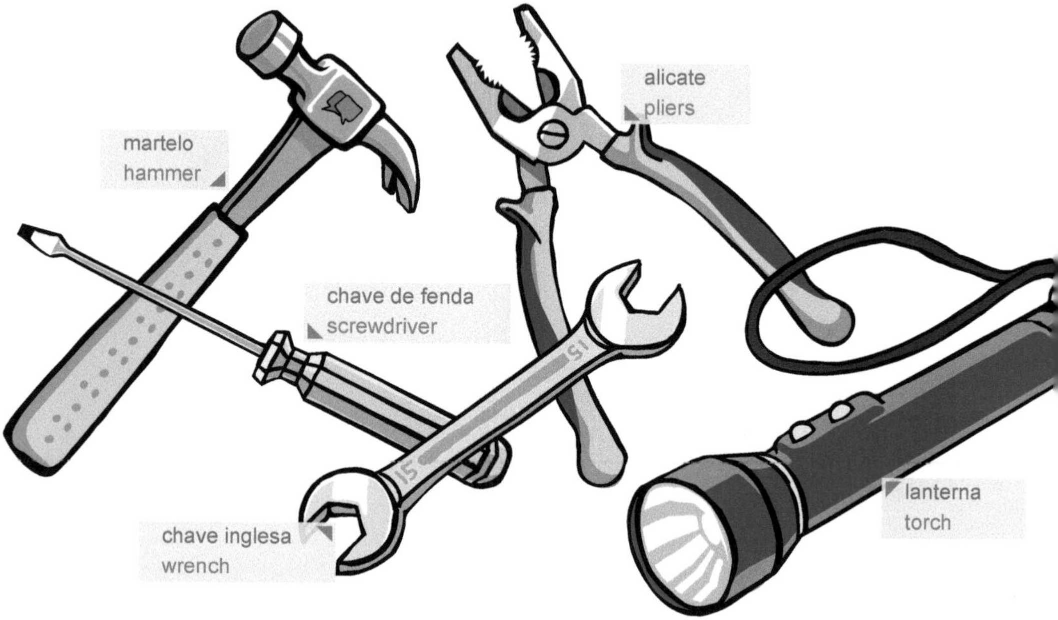

martelo
hammer
alicate
pliers
chave de fenda
screwdriver
chave inglesa
wrench
lanterna
torch

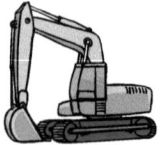

escavadora

excavator

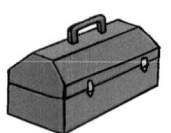

caixa de ferramentas

toolbox

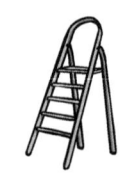

escada de mão

ladder

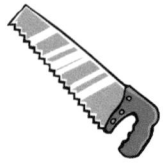

serra

saw

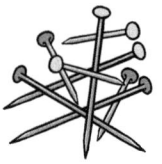

pregos

nails

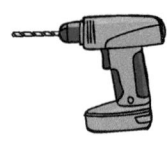

furadeira

drill

consertar
....
repair

pá
....
shovel

Droga!
....
Damn!

pá de lixo
....
dustpan

pote de tinta
....
paint can

parafusos
....
screws

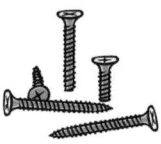

instrumentos musicais
musical instruments

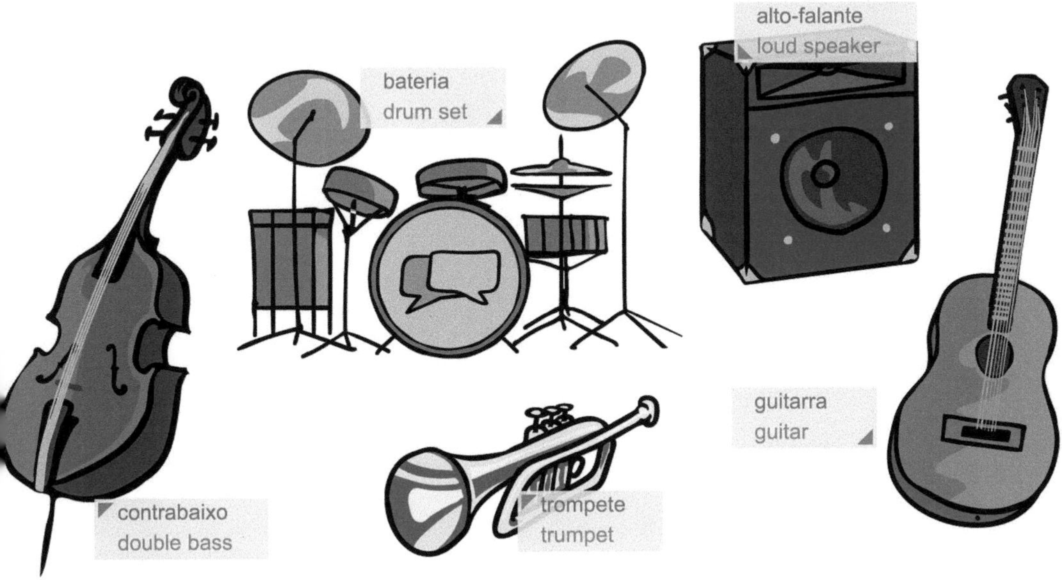

bateria
drum set

alto-falante
loud speaker

guitarra
guitar

contrabaixo
double bass

trompete
trumpet

piano

piano

violino

violin

baixo

bass

timbales

timpani

tambor

drums

teclado

keyboard

saxofone

saxophone

flauta

flute

microfone

microphone

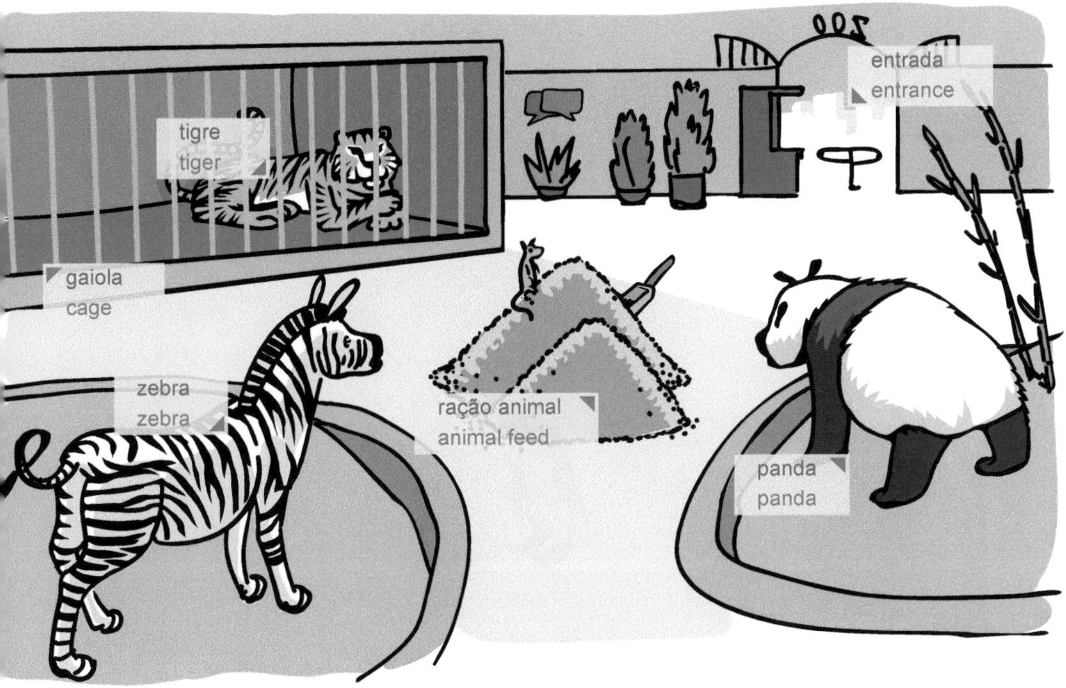

entrada
entrance

tigre
tiger

gaiola
cage

zebra
zebra

ração animal
animal feed

panda
panda

animais
....
animals

elefante
....
elephant

canguru
....
kangaroo

rinoceronte
....
rhino

gorila
....
gorilla

urso
....
bear

camelo

camel

avestruz

ostrich

leão

lion

macaco

monkey

flamingo

flamingo

papagaio

parrot

urso polar

polar bear

pinguim

penguin

tubarão

shark

pavão

peacock

cobra

snake

crocodilo

crocodile

guarda do zoológico

zookeeper

foca

seal

jaguar

jaguar

pônei

pony

leopardo

leopard

hipopótamo

hippo

girafa

giraffe

águia

eagle

javali

boar

peixe

fish

tartaruga

turtle

morsa

walrus

raposa

fox

gazela

gazelle

futebol americano
American football

ciclismo
cycling

tênis
tennis

basquete
basketball

natação
swimming

boxe
boxing

hóquei no gelo
ice hockey

futebol
soccer

badminton
badminton

atletismo
athletics

handebol
handball

esqui
skiing

polo
polo

atividades
activities

rir
laugh
pular
jump
abraçar
hug
andar
walk
cantar
sing
sonhar
dream
rezar
pray
beijar
kiss

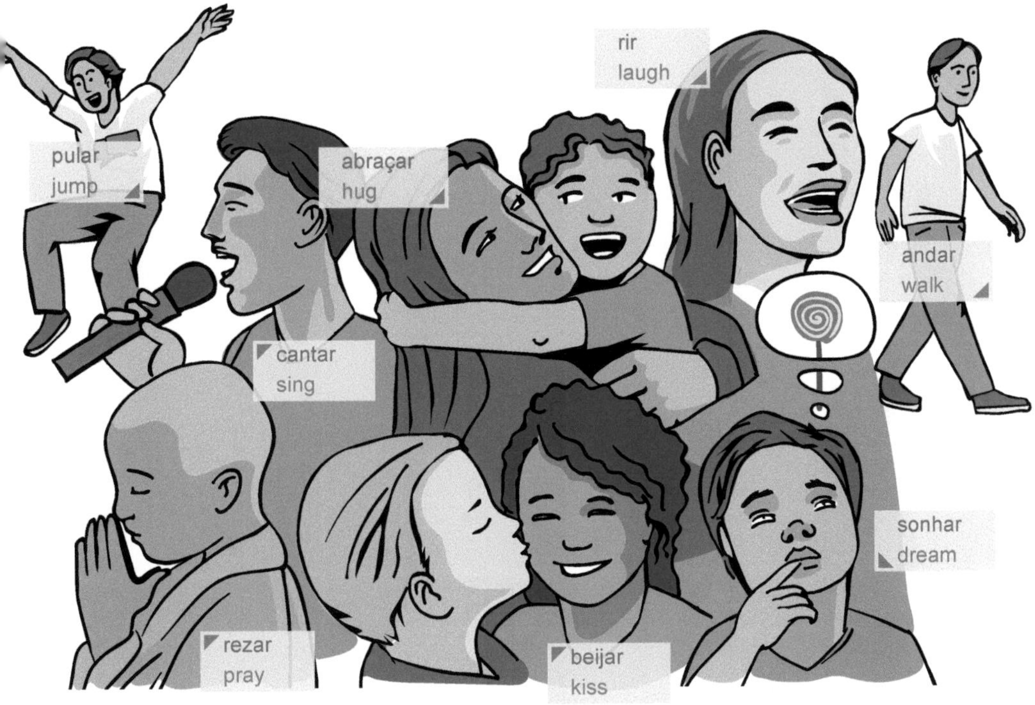

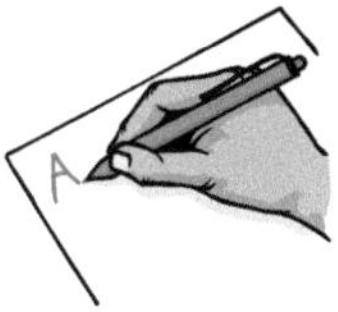

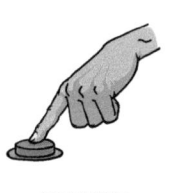

escrever

write

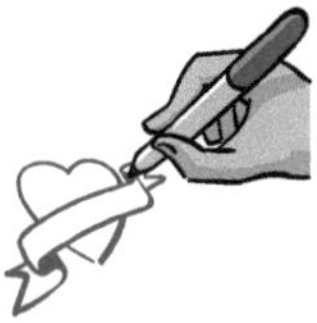

desenhar

draw

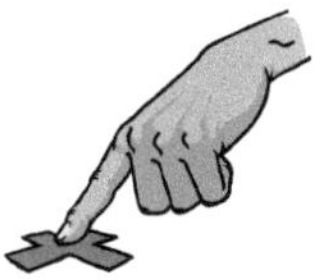

mostrar

show

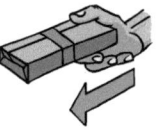

empurrar

push

dar

give

tomar

take

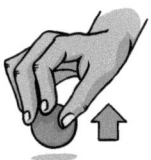

ter

have

fazer

do

ser

be

ficar de pé

stand

correr

run

puxar

pull

jogar

throw

cair

fall

deitar

lie

esperar

wait

carregar

carry

sentar

sit

vestir

get dressed

dormir

sleep

despertar

wake up

olhar para
look at

chorar
cry

acariciar
stroke

pentear
comb

falar
talk

entender
understand

perguntar
ask

ouvir
listen

beber
drink

comer
eat

arrumar
tidy up

amar
love

cozinhar
cook

dirigir
drive

voar
fly

velejar
sail

calcular
calculate

ler
read

aprender
learn

trabalhar
work

casar
marry

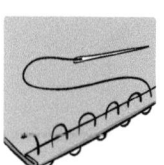

costurar
sew

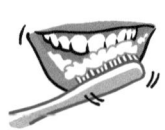

escovar os dentes
brush teeth

matar
kill

fumar
smoke

enviar
send

família
family

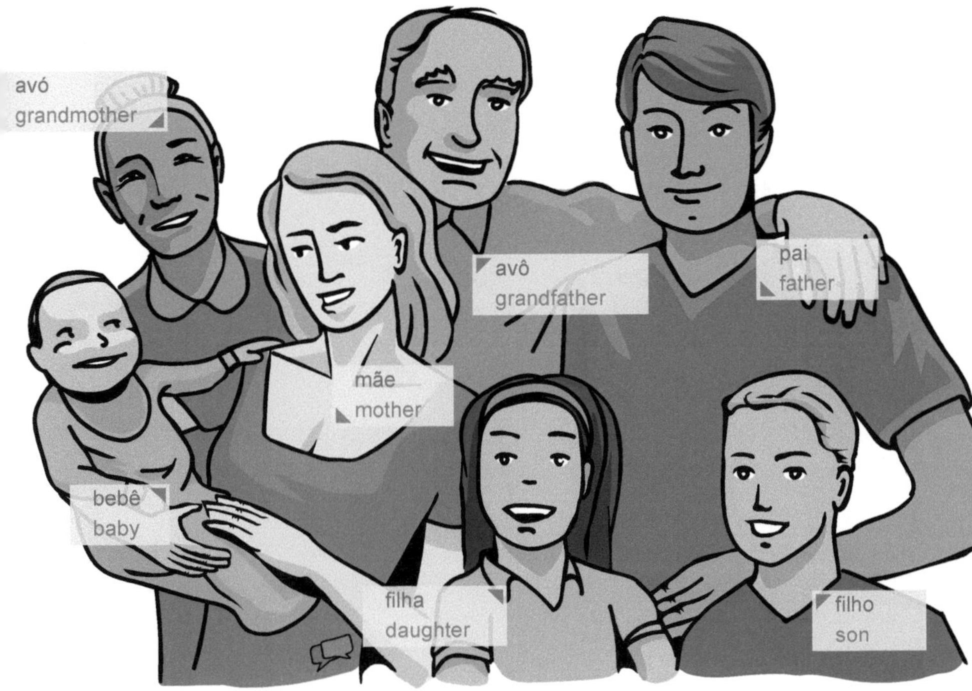

avó
grandmother
avô
grandfather
pai
father
mãe
mother
bebê
baby
filha
daughter
filho
son

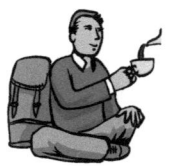

convidado

guest

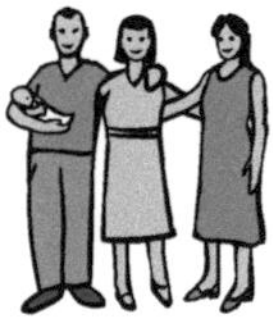

tia

aunt

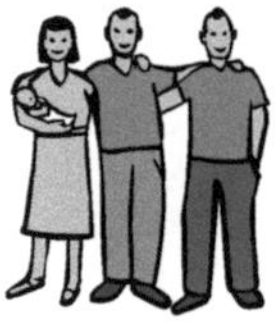

tio

uncle

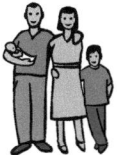

irmão

brother

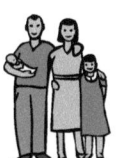

irmã

sister

corpo
body

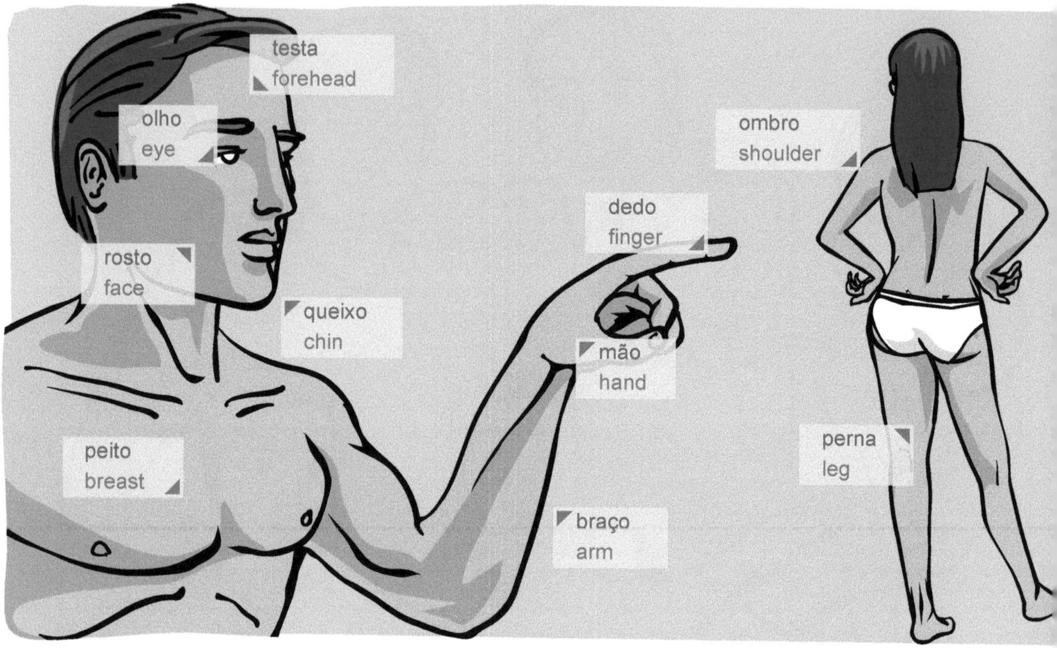

testa
forehead

olho
eye

rosto
face

queixo
chin

peito
breast

ombro
shoulder

dedo
finger

mão
hand

perna
leg

braço
arm

bebê
baby

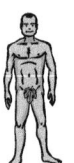

homem
man

mulher
woman

menina
girl

menino
boy

cabeça
head

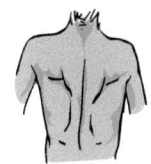

costas

back

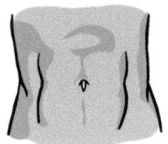

barriga

belly

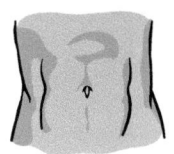

umbigo

navel

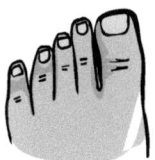

dedo do pé

toe

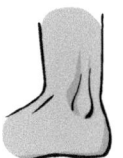

calcanhar

heel

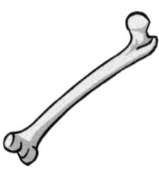

osso

bone

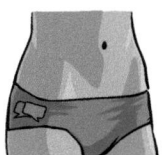

anca

hip

joelho

knee

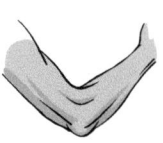

cotovelo

elbow

nariz

nose

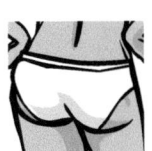

nádegas

buttocks

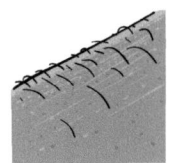

pele

skin

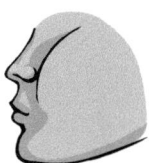

bochecha

cheek

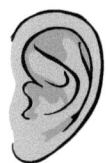

orelha

ear

lábio

lip

corpo - body

boca

mouth

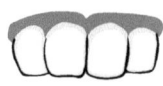

dente

tooth

língua

tongue

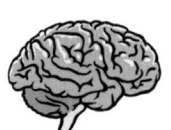

cérebro

brain

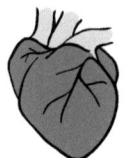

coração

heart

músculo

muscle

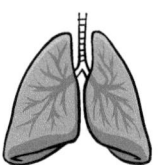

pulmão

lung

fígado

liver

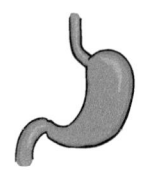

estômago

stomach

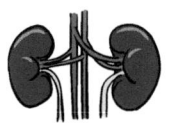

rins

kidneys

relações sexuais

sex

preservativo

condom

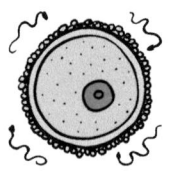

óvulo

ovum

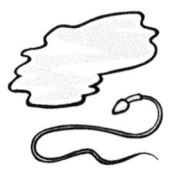

esperma

semen

gravidez

pregnancy

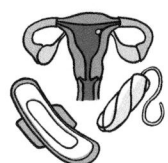

menstruação

menstruation

vagina

vagina

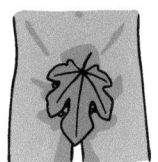

pênis

penis

sobrancelha

eyebrow

cabelo

hair

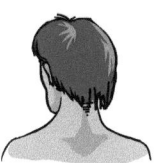

pescoço

neck

corpo - body

hospital

hospital

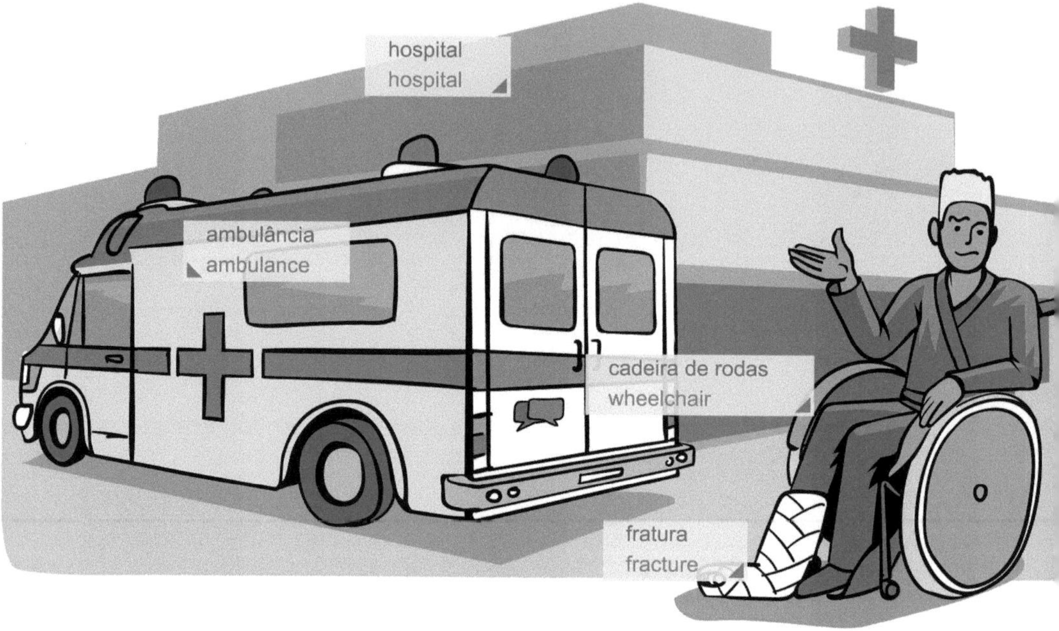

hospital
hospital
ambulância
ambulance
cadeira de rodas
wheelchair
fratura
fracture

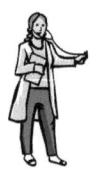

médico

doctor

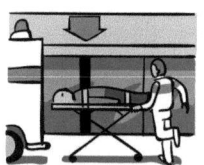

pronto-socorro

emergency room

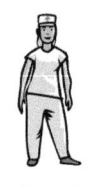

enfermeira

nurse

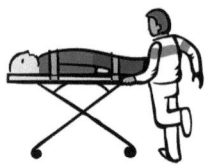

emergência

emergency

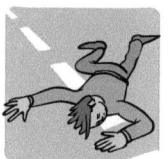

inconsciente

unconscious

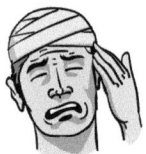

dor

pain

ferimento

injury

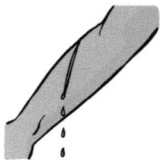

hemorragia

bleeding

ataque cardíaco

heart attack

acidente vacular cerebral

stroke

alergia

allergy

tosse

cough

febre

fever

gripe

flu

diarreia

diarrhea

dor de cabeça

headache

câncer

cancer

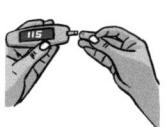

diabetes

diabetes

cirurgião

surgeon

bisturi

scalpel

operação

operation

hospital - hospital

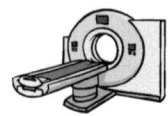

CT
CT

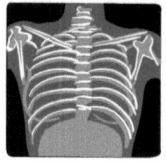

raio x
x-ray

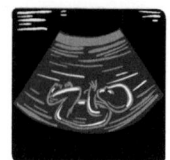

ultrassom
ultrasound

máscara
face mask

doença
disease

sala de espera
waiting room

muleta
crutch

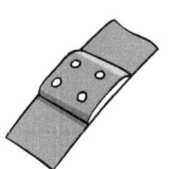

bandeide
plaster

ligadura
bandage

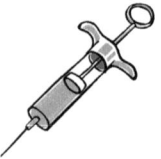

injeção
injection

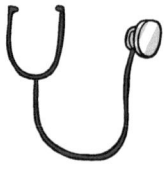

estetoscópio
stethoscope

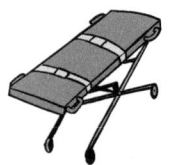

maca
stretcher

termômetro
clinical thermometer

nascimento
birth

excesso de peso
overweight

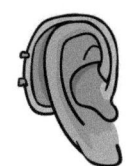

aparelho auditivo

hearing aid

desinfetante

disinfectant

infecção

infection

vírus

virus

HIV / AIDS

HIV / AIDS

medicamento

medicine

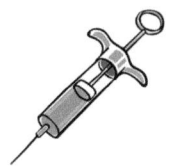

vacinação

vaccination

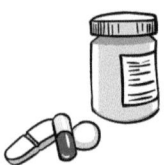

comprimidos

tablets

pílula

pill

chamada de emergência

emergency call

dispositivo de medição de
pressão arterial

blood pressure monitor

doente / saudável

ill / healthy

Socorro!

Help!

alarme

alarm

assalto

assault

ataque

attack

perigo

danger

saída de emergência

emergency exit

Fogo!

Fire!

extintor de incêndios

fire extinguisher

acidente

accident

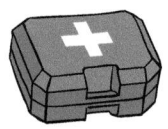

maleta de primeiros
socorros

first-aid kit

SOS

SOS

polícia

police

Europa

Europe

América do Norte

North America

América do Sul

South America

África

Africa

Ásia

Asia

Austrália

Australia

Atlântico

Atlantic

Pacífico

Pacific

Oceano Índico

Indian Ocean

Oceano Antártico

Antarctic Ocean

Oceano Ártico

Arctic Ocean

Polo Norte

North pole

Polo Sul

South pole

Antártica

Antarctica

Terra

earth

terra

land

mar

sea

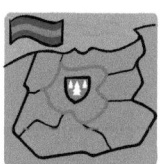

ilha

island

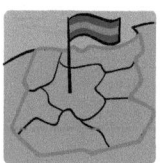

nação

nation

estado

state

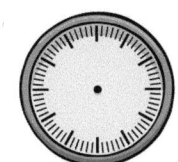

mostrador do relógio

clock face

ponteiro das horas

hour hand

ponteiro dos minutos

minute hand

ponteiro dos segundos

second hand

Que horas são?

What time is it?

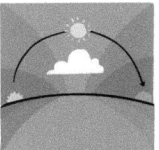

dia

day

tempo

time

agora

now

relógio digital

digital watch

minuto

minute

hora

hour

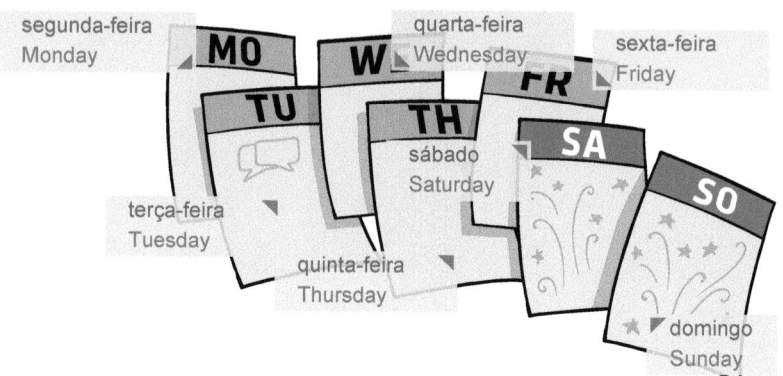

segunda-feira
Monday

terça-feira
Tuesday

quarta-feira
Wednesday

quinta-feira
Thursday

sábado
Saturday

sexta-feira
Friday

domingo
Sunday

ontem
....
yesterday

hoje
....
today

amanhã
....
tomorrow

manhã
....
morning

meio-dia
....
noon

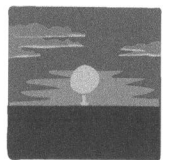

entardecer
....
evening

dias úteis
....
workdays

fim de semana
....
weekend

ano
year

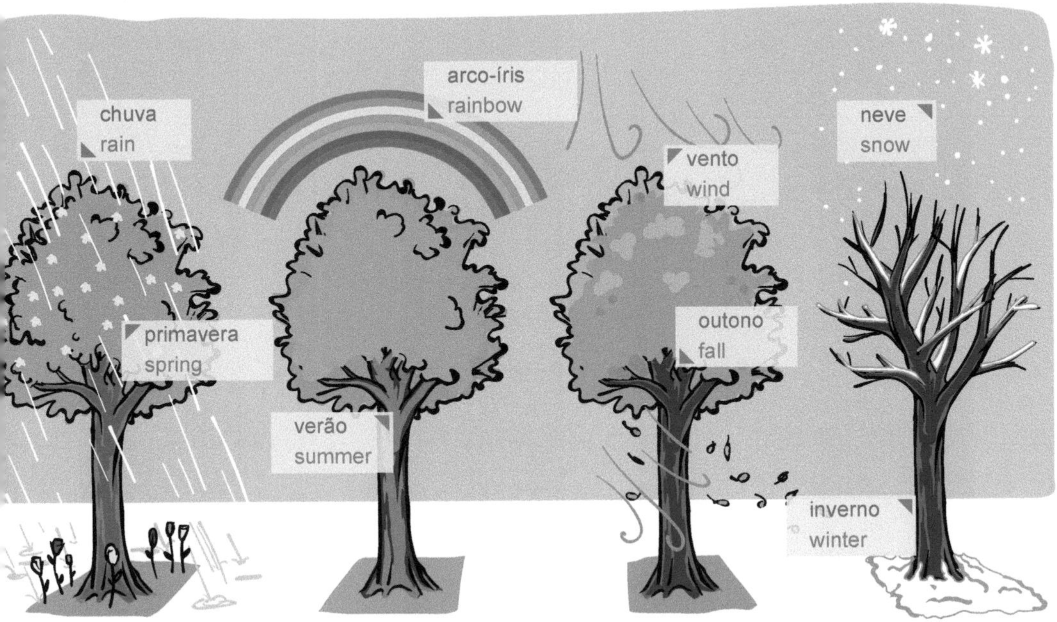

chuva
rain
arco-íris
rainbow
neve
snow
vento
wind
primavera
spring
outono
fall
verão
summer
inverno
winter

4.APRIL 11°
5.APRIL 4°
6.APRIL 13°
7.APRIL 8°
8.APRIL 10°

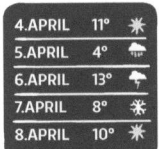

previsão do tempo

weather forecast

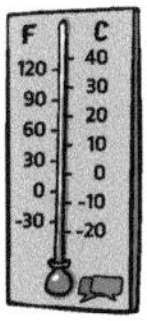

F C
120 40
90 30
60 20
30 10
0 0
-30 -10
-20

termômetro

thermometer

raio de sol

sunshine

nuvem

cloud

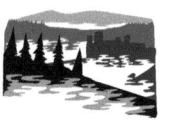

neblina / nevoeiro

fog

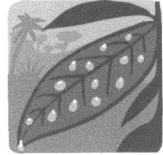

umidade do ar

humidity

relâmpago

lightning

trovão

thunder

tempestade

storm

granizo

hail

monção

monsoon

inundação

flood

gelo

ice

janeiro

January

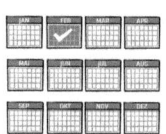

fevereiro

February

março

March

abril

April

maio

May

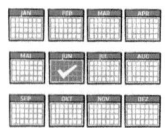

junho

June

julho

July

agosto

August

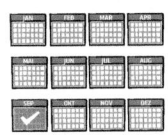

setembro
....
September

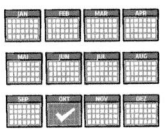

outubro
....
October

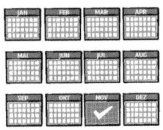

novembro
....
November

dezembro
....
December

formas
shapes

círculo
....
circle

quadrado
....
square

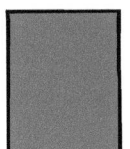

retângulo
....
rectangle

triângulo
....
triangle

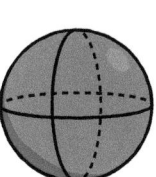

esfera
....
sphere

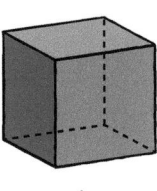

cubo
....
cube

branco

white

amarelo

yellow

laranja

orange

rosa

pink

vermelho

red

lilás

purple

azul

blue

verde

green

marrom

brown

cinza

gray

preto

black

muito / pouco

a lot / a little

furioso / tranquilo

angry / calm

lindo / feio

beautiful / ugly

começo / fim

beginning / end

grande / pequeno

big / small

claro / escuro

bright / dark

irmão / irmã

brother / sister

limpo / sujo

clean / dirty

completo / incompleto

complete / incomplete

dia / noite

day / night

morto / vivo

dead / alive

largo / estreito

wide / narrow

comestível / não comestível

edible / inedible

mau / gentil

evil / kind

entusiasmado / entediado

excited / bored

gordo / magro

fat / thin

primeiro / último

first / last

amigo / inimigo

friend / enemy

cheio / vazio

full / empty

duro / macio

hard / soft

pesado / leve

heavy / light

fome / sede

hunger / thirst

doente / saudável

ill / healthy

ilegal / legal

illegal / legal

inteligente / idiota

intelligent / stupid

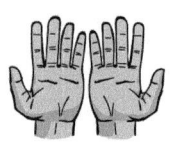

esquerda / direita

left / right

perto / longe

near / far

novo / usado

new / used

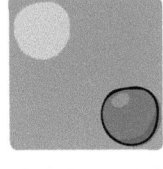

nada / alguma coisa

nothing / something

velho / jovem

old / young

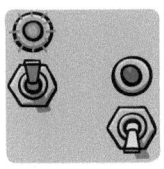

ligado / desligado

on / off

aberto / fechado

open / closed

baixo / alto

quiet / loud

rico / pobre

rich / poor

certo / errado

right / wrong

áspero / liso

rough / smooth

triste / feliz

sad / happy

curto / longo

short / long

lento / rápido

slow / fast

molhado / seco

wet / dry

ameno / fresco

warm / cool

guerra / paz

war / peace

0

zero
zero

1

um
one

2

dois
two

3

três
three

4

quatro
four

5

cinco
five

6

seis
six

7

sete
seven

8

oito
eight

9

nove
nine

10

dez
ten

11

onze
eleven

12

doze
twelve

13

treze
thirteen

14

quatorze
fourteen

15

quinze
fifteen

16

dezesseis
sixteen

17

dezessete
seventeen

18

dezoito
eighteen

19

dezenove
nineteen

20

vinte
twenty

100

cem
hundred

1.000

mil
thousand

1.000.000

milhão
million

inglês

English

inglês americano

American English

chinês mandarim

Chinese Mandarin

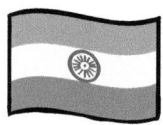

hindi

Hindi

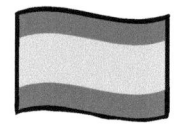

espanhol

Spanish

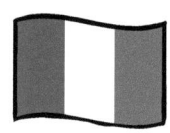

francês

French

árabe

Arabic

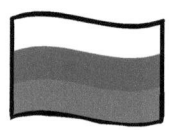

russo

Russian

português

Portuguese

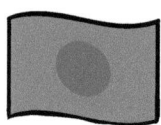

bengalês

Bengali

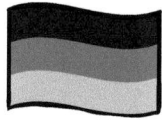

alemão

German

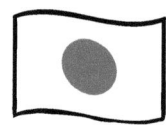

japonês

Japanese

eu

I

você

you

ele / ela

he / she / it

nós

we

vocês

you

eles / elas

they

quem?

who?

O quê?

what?

como?

how?

onde?

where?

Quando?

when?

nome

name

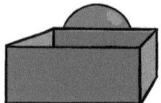

atrás

behind

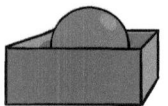

em

in

na frente de

in front of

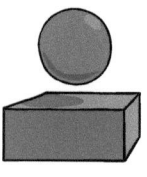

sobre

over

em cima

on

debaixo

under

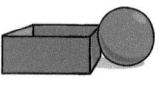

do lado

beside

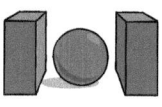

entre

between

lugar

place